Fous des chats

Texte et illustrations
de Linda Hendry

Texte français d'Isabelle Allard

Les éditions Scholastic

Pour Errol et Finn

Données de catalogage avant publication de la Bibliothèque nationale du Canada

Hendry, Linda
    Fous des chats

(Artisanat)
Pour enfants de 7 à 11 ans.
Traduction de: Cat crafts.
ISBN 0-7791-1547-3

1. Artisanat—Ouvrages pour la jeunesse. 2. Chats—Appareils
et matériel—Ouvrages pour la jeunesse. 3. Cadeaux—Ouvrages
pour la jeunesse. I. Allard, Isabelle II. Titre. III. Collection.

SF447.3.S2H4414 2002   j745.5   C2001-902675-7

Conception graphique de Karen Powers

Photos de Frank Baldassarra

Édition publiée par Les éditions Scholastic,
175 Hillmount Road, Markham (Ontario) L6C 1Z7,
avec la permission de Kids Can Press Ltd.

5 4 3 2 1   Imprimé à Hong-Kong   02 03 04 05

Table des matières

Introduction

*Ce livre est rempli d'idées de créations
artisanales que tu pourras offrir
à un passionné des chats… ou à un copain
félin! Fabrique une planchette à pinces
ou des matous serre-livres pour décorer
ta chambre, un album photos ou un cadre pour
ta tante, des boucles d'oreilles félines pour
ta sœur, et même un poisson à l'herbe à chats
pour un ami minet!*

MATÉRIEL

Tous ces objets d'artisanat sont fabriqués
à partir de matériel facile à obtenir.
Tu trouveras un grand nombre de ces
fournitures dans ta maison. Tu devrais
pouvoir te procurer ce qui te manque
dans une boutique d'artisanat. Avant de
commencer, recouvre ta surface de travail
avec des journaux pour la protéger de la
colle et de la peinture.

Carton

Dans certains cas, il te faudra du carton
ondulé ou du carton mince. Les boîtes qui
contiennent des choses lourdes sont faites
de carton ondulé. Demande à ton épicier de
t'en donner une. Les boîtes de craquelins et
de céréales sont faites de carton mince.

Colle

La colle blanche non toxique est résistante
et devient transparente en séchant. Garde
quelques épingles à linge sous la main
quand tu colles. Tu pourras t'en servir pour
maintenir les morceaux ensemble pendant
qu'ils sèchent.

Ciseaux et couteaux universels

Tu peux effectuer la plupart des découpages de ce livre à l'aide d'une paire de ciseaux bien aiguisés. Si tu coupes du carton ou du papier et que tu désires obtenir un bord plus droit, sers-toi d'un couteau universel et d'une règle à bordure de métal. Demande toujours à un adulte de t'aider lorsque tu utilises un couteau universel, et protège ta surface de travail avec un morceau de carton ondulé.

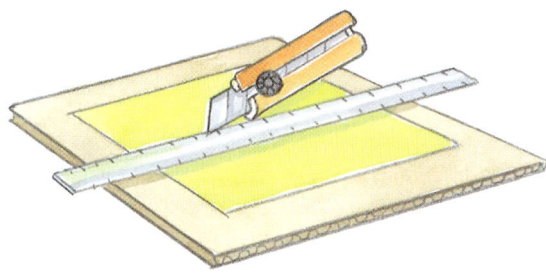

Peinture et pinceaux

La peinture acrylique est offerte en diverses couleurs. Elle donnera un fini lisse à tes réalisations. Comme elle sèche rapidement, ne mets que la quantité dont tu as besoin sur un morceau de papier ciré.

Utilise un petit pinceau en pointe pour peindre les petits détails et un pinceau plat à bord droit pour peindre les surfaces plus grandes. Nettoie tes pinceaux avec de l'eau entre chaque couleur, et rince-les bien quand tu as fini de peindre.

Couture

Pour fabriquer le chaton rembourré de la page 8 et l'étui à crayons de la page 28, tu dois savoir comment faire un point de feston. Les illustrations ci-dessous t'expliquent comment procéder.

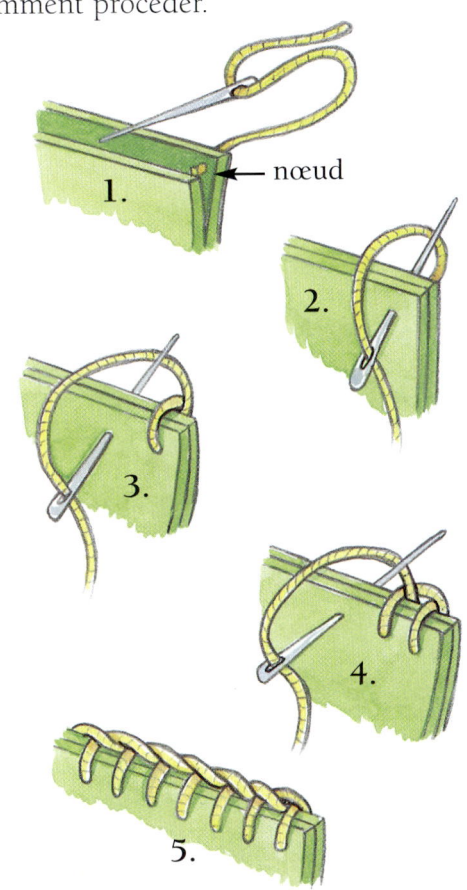

1. ← nœud
2.
3.
4.
5.

Attention!

N'oublie pas de vérifier les jouets de ton chat régulièrement pour t'assurer qu'il n'y a pas de parties lâches ou détachées qui pourraient le blesser.

Jouet pour minet

Agite ce jouet à la façon d'une canne à pêche. Avec cette araignée qui tinte comme appât, tu attraperas sûrement un gros « poisson-chat ».

IL TE FAUT :

- une baguette d'environ 66 cm de long et de 1 cm de diamètre
- de la laine noire ou bleu marine
- un bout de ficelle d'environ 86 cm de long
- une petite clochette
- un couteau universel, de la peinture, un pinceau, des ciseaux

1 Demande à un adulte de tailler une encoche près du bout de la baguette, comme dans l'illustration. Peins la baguette et mets-la de côté pour qu'elle sèche.

2 Coupe quatre bouts de laine de 30 cm et mets-les de côté. Ils serviront à faire les pattes de l'araignée.

3 Pour faire le pompon qui représentera le corps de l'araignée, enroule la laine autour de ta main sans trop la serrer, tel qu'illustré (les trois doigts du milieu légèrement écartés) en faisant environ 60 tours.

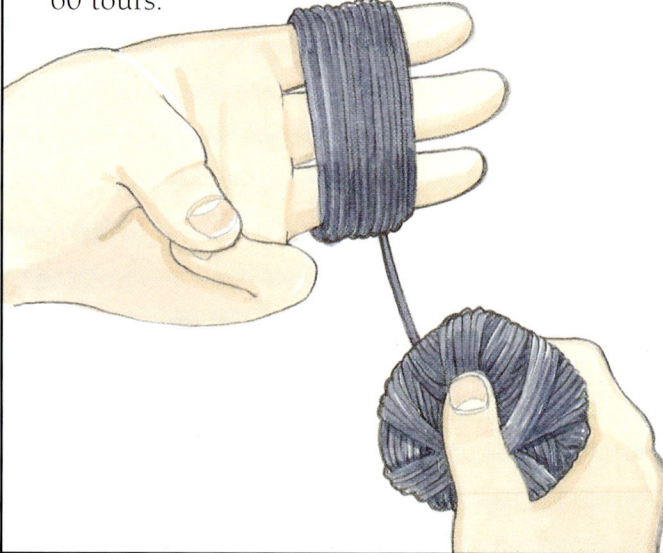

4 Prends ensuite les bouts de laine de l'étape 2. En les maintenant ensemble, passe-les autour des boucles de laine enroulées sur tes doigts et fais un nœud lâche.

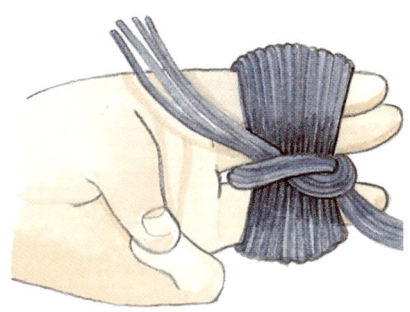

5 Retire doucement les boucles de tes doigts et déplace le nœud en serrant au centre. Fais un triple nœud. Tu as maintenant huit pattes d'araignée.

6 Attache un bout de la ficelle au centre des boucles. Fais glisser la clochette sur la ficelle et fais un triple nœud pour qu'elle tienne en place.

7 Coupe les extrémités des boucles, égalise le pompon et ébouriffe-le. Ne coupe pas les pattes.

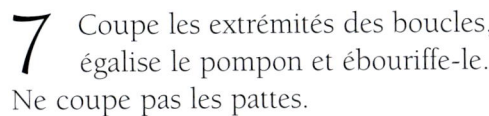
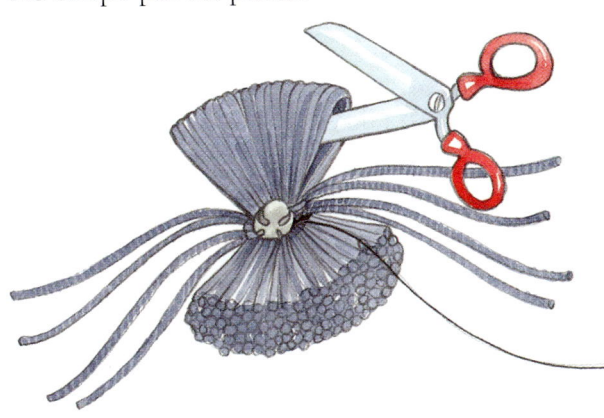

8 Pour attacher l'araignée à la baguette, enroule la ficelle autour de l'encoche deux ou trois fois en serrant bien, puis fais un nœud.

Chaton rembourré

Ce coussin félin moelleux se sentira comme un pacha sur ton lit. Tu peux aussi l'offrir à un ami qui n'a pas d'animal de compagnie.

IL TE FAUT :

- un morceau de feutrine ou de molleton de 45 cm x 56 cm
- un rectangle de papier de 45 cm x 28 cm
- 2 boutons noirs et un bouton rose
- du fil noir et du fil rose
- du fil à broder (ou de la laine) et une aiguille à repriser
- de la bourre
- un crayon, des ciseaux, des épingles droites, une aiguille, du ruban-cache

1 Dessine une forme de chat sur le papier, comme dans l'illustration ci-dessous, et découpe-la.

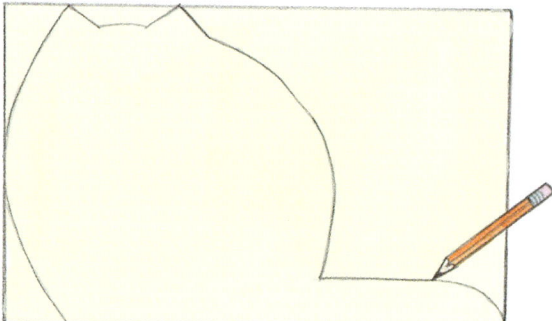

2 Place le tissu l'endroit vers le bas et plie-le en deux sur la largeur. Dépose ton patron le long du pli et épingle-le en piquant dans les deux épaisseurs de tissu. Découpe la forme de chat. **Ne coupe pas le long du pli.** Enlève les épingles et le patron.

3 Couds des boutons pour les yeux et le nez sur un côté du chat.

4 Pour lui faire des moustaches, coupe un bout de fil noir de 55 cm. Enfile-le dans l'aiguille et tire jusqu'à ce que les deux bouts soient égaux. Pique l'aiguille dans la feutrine, puis fais-la revenir en piquant un peu plus bas et en laissant une boucle à l'arrière. Fais un nœud dans la boucle, tire bien sur les moustaches, puis colle la boucle sur la feutrine avec du ruban-cache.

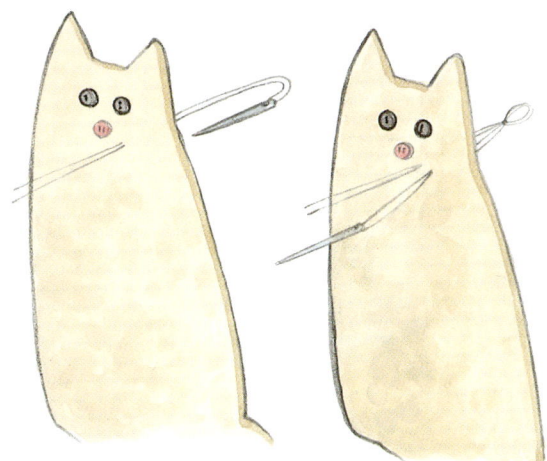

5 Coupe le fil pour enlever l'aiguille, puis refais l'étape 4 avec un autre bout de fil de l'autre côté du nez. Égalise les moustaches.

6 Enfile du fil à broder sur l'aiguille à repriser et couds au point de feston (voir p. 5) autour de la queue.

7 Bourre la queue. Sers-toi d'un crayon pour enfoncer la bourre jusqu'au bout.

8 Continue au point de feston jusqu'à ce qu'il reste une ouverture de 10 cm. Bourre le coussin de façon à ce qu'il soit bien ferme, puis couds l'ouverture au point de feston.

Panneau à griffer

Pour que ton chat trouve son nouveau panneau à griffer irrésistible, frotte la ficelle avec un peu d'herbe à chats.

IL TE FAUT :

- 2 rectangles de carton ondulé de 13 cm x 33 cm
- une pelote de ficelle
- des ciseaux, un crayon, de la colle blanche, du ruban-cache, un bâtonnet en bois plat
- de la peinture et un pinceau (facultatif)

1 Découpe deux oreilles en forme de triangle dans la partie supérieure d'un des rectangles de carton. Dépose ce rectangle sur l'autre et fais un tracé au crayon autour des oreilles. Découpe le long du tracé et colle les deux rectangles ensemble. Laisse sécher.

2 Pour faire la boucle qui servira à suspendre le panneau, coupe un bout de ficelle de 45 cm et fais un double nœud à chaque extrémité. Forme une boucle et colle-la au carton avec du ruban-cache, tel qu'illustré.

3 Pour fabriquer la queue, coupe un bout de ficelle de 50 cm, puis fais un double nœud à une extrémité que tu colleras dans un des coins inférieurs du carton à l'aide de ruban-cache.

4 En commençant dans le bas, étale de la colle à l'aide du bâtonnet sur une petite portion du carton à l'avant et à l'arrière. Place l'extrémité de la ficelle dans un coin, puis enroule-la autour du carton en serrant bien.

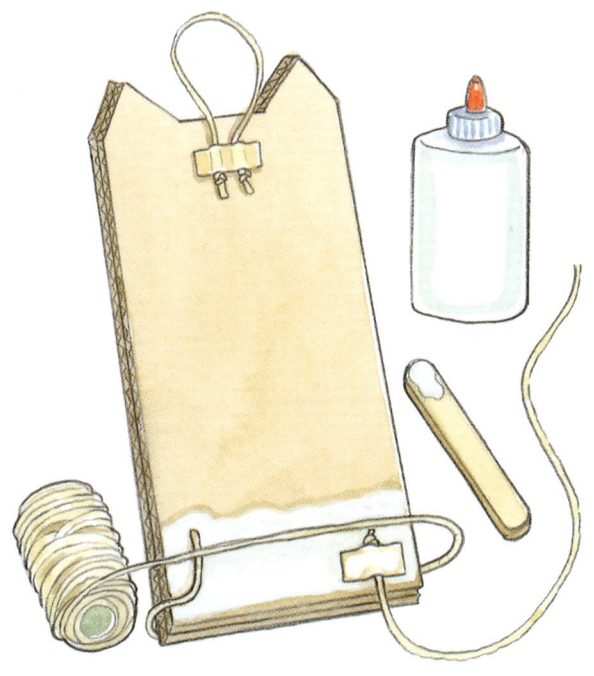

5 Continue à appliquer de la colle et à enrouler la ficelle en procédant par petites sections, jusqu'à ce que le corps du chat soit entièrement recouvert.

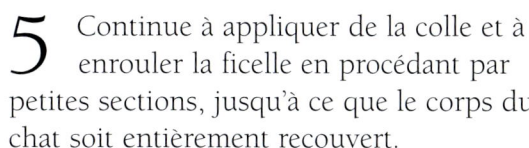

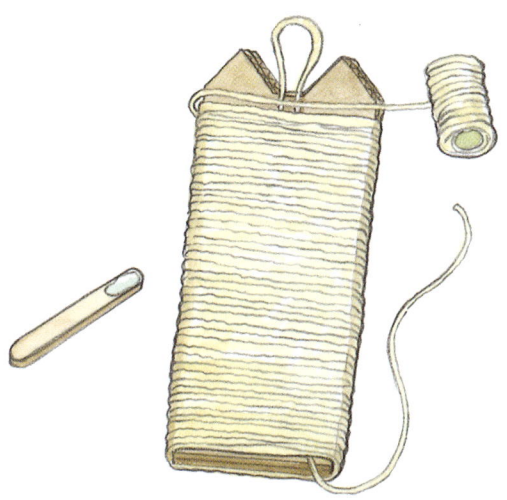

6 Coupe la ficelle et laisse le panneau sécher complètement. Si tu le désires, peins un triangle rose au milieu de chaque oreille.

7 Suspends le panneau à une poignée de porte, et voilà : tu peux appeler ton chat!

Couvre-poignée

*Grâce à ce gentil minou décoratif,
le mur ne sera pas abîmé par la poignée.*

IL TE FAUT :

- un carré de feutrine grise
  de 23 cm x 23 cm
- un carré de ouatine de 18 cm x 18 cm
- des retailles de feutrine rose
- 2 boutons
- un bout de laine noire
  de 30 cm et une aiguille à repriser
- un bout de ruban de 86 cm
- des ciseaux, de la colle blanche,
  une aiguille et du fil

1 Plie le carré de feutrine en deux, puis encore en deux. Découpe le coin comme ci-dessous. Déplie le carré de feutrine. Tu devrais maintenant avoir un cercle.

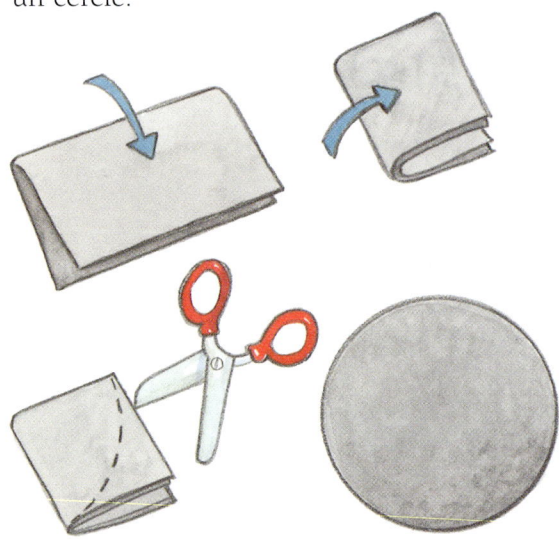

2 Plie et découpe le carré de ouatine comme dans l'étape 1 pour obtenir un cercle. Colle la ouatine au centre de la feutrine. Laisse sécher.

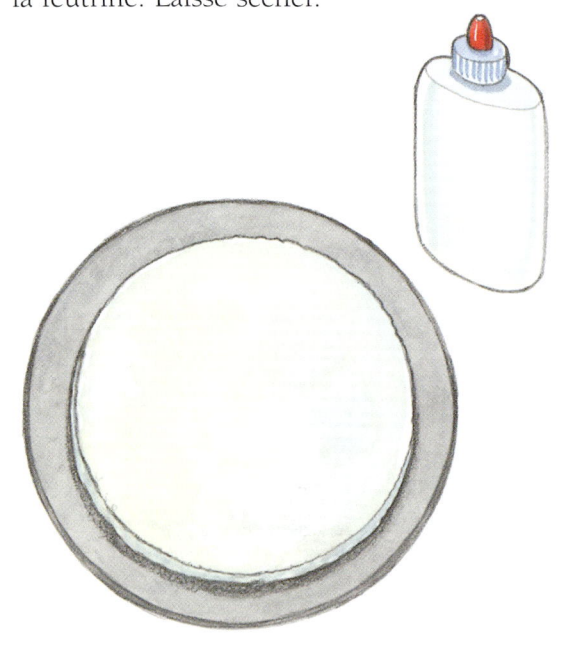

3 Pour faire le nez, coupe un petit triangle de feutrine rose et colle-le au centre du cercle de feutrine.

4 Couds des boutons pour représenter les yeux.

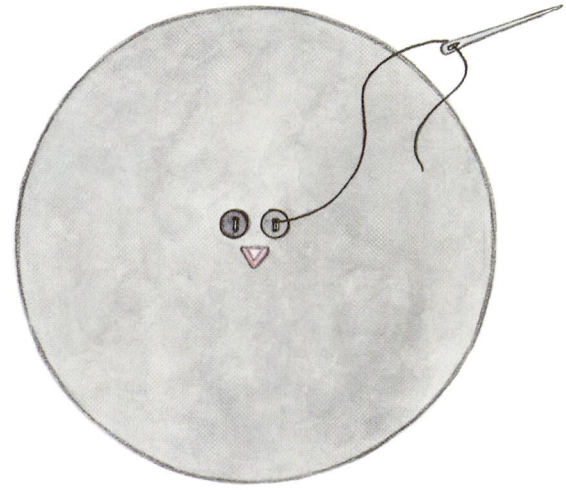

5 Découpe deux oreilles en forme de triangle dans les retailles de feutrine grise. Découpe deux triangles légèrement plus petits dans la feutrine rose et colle-les sur les triangles gris. Lorsque les oreilles sont sèches, couds-les sur le cercle de feutrine.

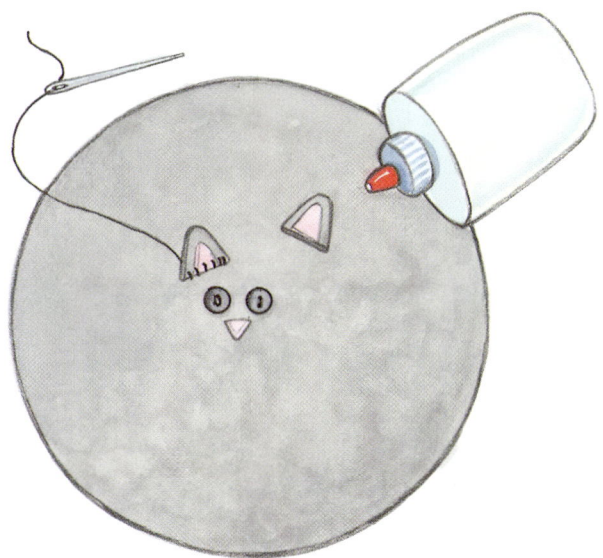

6 Pour les moustaches, enfile la laine dans l'aiguille à repriser et fais un nœud à une extrémité. Pique l'aiguille dans la ouatine et la feutrine et tire jusqu'à ce que le nœud appuie bien sur la ouatine. Coupe la laine en laissant un bout de 2,5 cm. Fais un autre nœud dans la laine et pique de nouveau l'aiguille pour faire un autre poil. Complète les moustaches, puis applique de la colle sur chaque nœud pour faire tenir les moustaches en place. Laisse sécher.

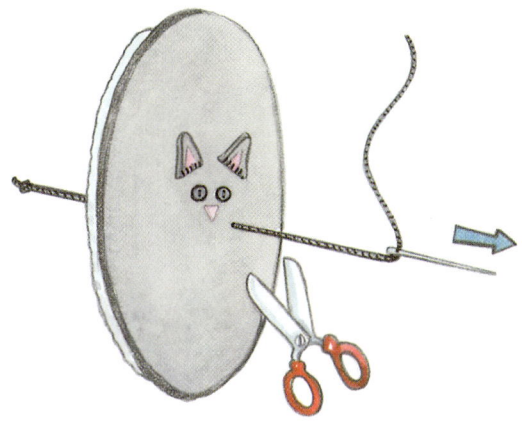

7 Place le couvre-poignée sur une poignée de porte en y ajustant les côtés. Entoure le tout avec le ruban, serre-le bien et fais un nœud. Termine avec une boucle.

Napperon-poisson

Ce napperon recouvert de vinyle facilitera
le nettoyage après le repas d'un chaton glouton.

IL TE FAUT :

- un rectangle de papier journal
  de 30 cm x 40 cm
- un rectangle de carton bristol
  de 30 cm x 40 cm
- des images de chats (découpées dans des
  magazines ou photocopiées)
- des autocollants colorés ou des formes
  découpées dans du papier de couleur
  (facultatif)
- 2 feuilles de 35 cm x 45 cm de vinyle
  auto-adhésif transparent
- un crayon, des ciseaux, un bâton de colle

1 Plie le papier journal en deux sur la longueur. Dessine la moitié d'une forme de poisson tel qu'illustré. Découpe le long du tracé pour obtenir un patron.

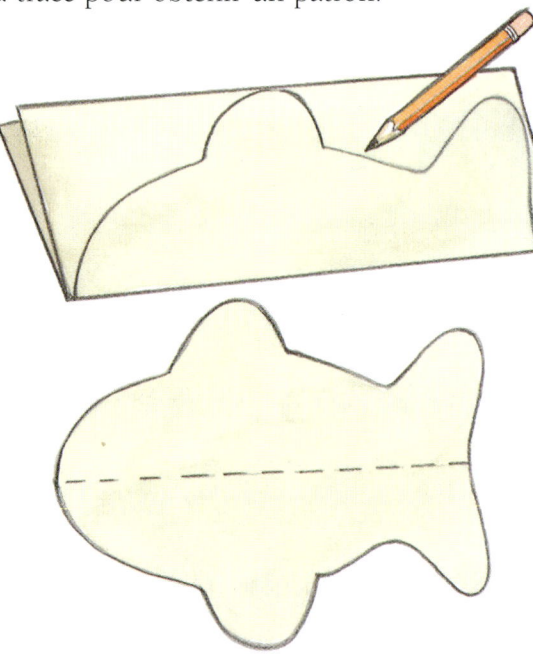

2 Déplie le patron et place-le sur le carton bristol. Trace le contour au crayon, puis découpe le carton le long du tracé.

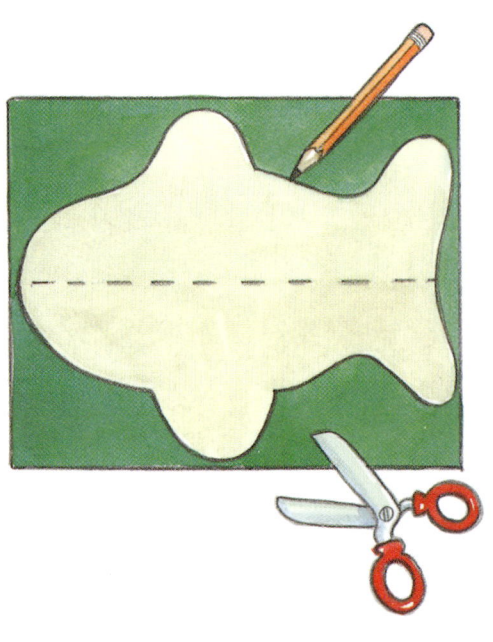

3 Dispose les images de chats sur le napperon. Quand c'est à ton goût, colle-les en place. Coupe ce qui dépasse du napperon.

4 Si tu le désires, ajoute des autocollants ou des formes découpées.

5 Retire la pellicule protectrice d'une des feuilles de vinyle. Place le napperon à l'envers sur le côté collant de la feuille de vinyle. Appuie fermement et lisse bien avec ta main.

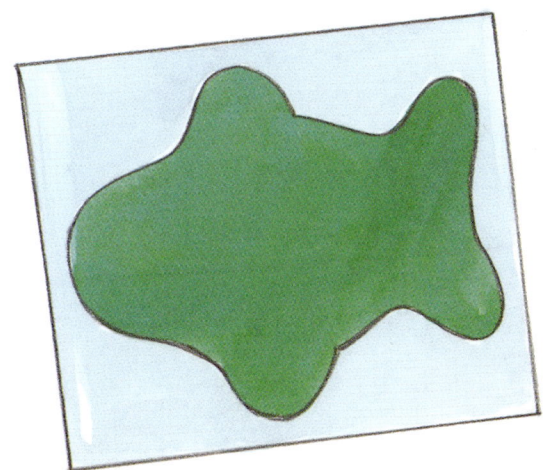

6 Retire partiellement la pellicule protectrice de l'autre feuille de vinyle et aligne-la soigneusement sur un des côtés de la première feuille. Lisse avec la main. Continue ainsi, en enlevant seulement un peu de pellicule protectrice à la fois, jusqu'à ce que tout l'envers du napperon soit recouvert.

7 Retourne le napperon. Enlève les bulles et les plis en lissant du plat de la main. Découpe ensuite le vinyle en suivant la forme du poisson, et en laissant un petit rebord tout autour.

Poisson à l'herbe à chats

T'es-tu déjà demandé quoi faire avec les bas dépareillés? Pourquoi ne pas les transformer en carpe ou en saumon pour amuser ton chat?

IL TE FAUT :

- de la bourre
- de l'herbe à chats séchée
- un bas
- de la laine et une aiguille à repriser
- des retailles de feutrine
- 2 petits boutons
- des ciseaux

1 Mêle une pincée d'herbe à chats à la bourre, puis remplis le bas jusqu'à ce qu'il soit bien rebondi.

2 Coupe un bout de laine de 20 cm et enroule-le bien serré à la hauteur de la cheville. Fais un double nœud et taille les bouts qui dépassent.

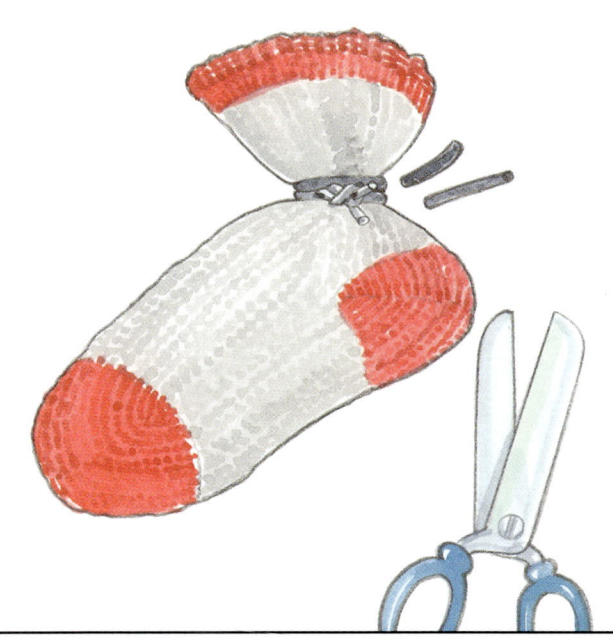

3 Découpe deux petites nageoires dans la feutrine et couds-les sur les côtés du bas avec la laine.

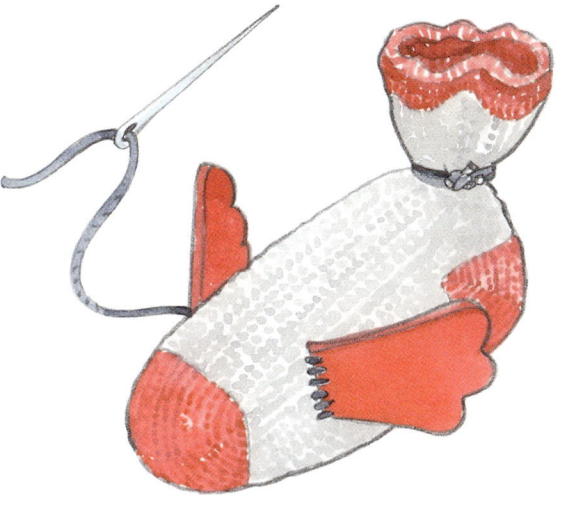

5 Fais un triple nœud au bout du fil de laine et pique l'aiguille à travers le bas à la hauteur des orteils. Enfile un bouton sur l'aiguille, fais-la passer dans l'autre trou du bouton, puis transperce de nouveau le bas pour la faire ressortir de l'autre côté.

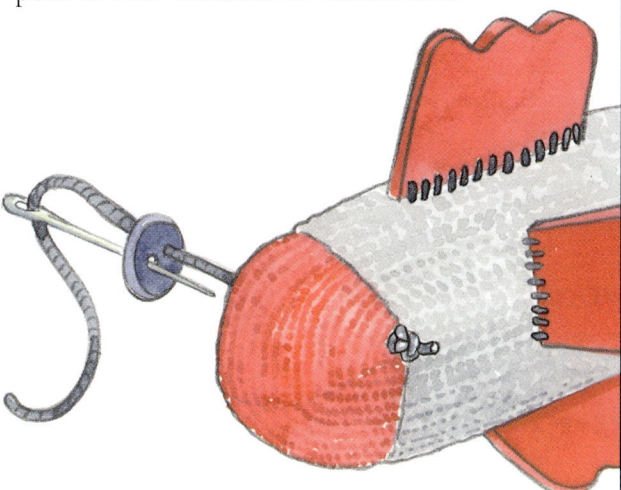

4 Découpe deux nageoires un peu plus grandes et couds-les sur le dessus et le dessous du bas.

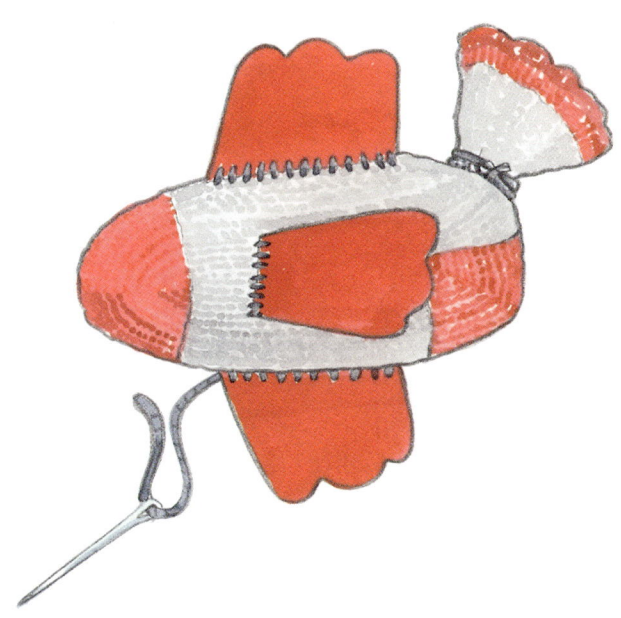

6 Enfile un autre bouton sur l'aiguille, puis continue à coudre les boutons en repassant d'un côté et de l'autre du bas. Tire suffisamment sur le fil pour créer un creux autour de chaque œil. Pour terminer, fais un triple nœud près d'un bouton, et coupe les bouts.

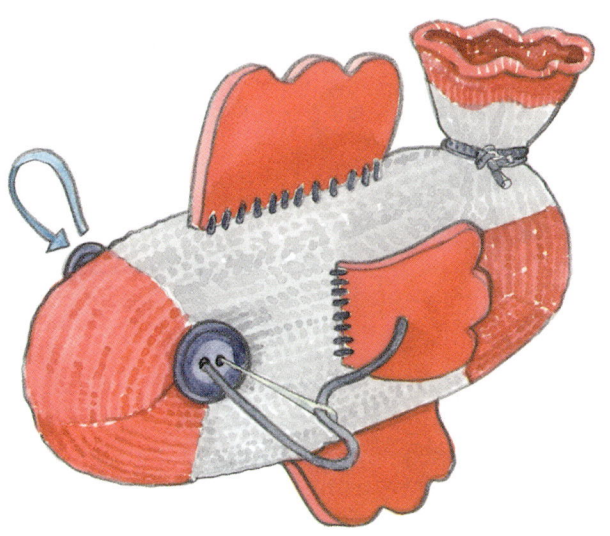

Planchette à pinces

Ce sympathique félin t'aidera à organiser
ton bureau ou servira à épingler
des listes dans la cuisine.

IL TE FAUT :

- du carton ondulé
une bande de 10 cm x 45 cm
un rectangle de 10 cm x 15 cm
4 rectangles de 4 cm x 5 cm chacun

- 4 épingles à linge en bois, peintes

- 6 morceaux de spaghetti non cuit de 5 cm

- de la peinture, des pinceaux, un crayon,
des ciseaux, de la colle blanche, un marteau,
deux petits clous

1 Peins le long rectangle de carton en vert et laisse-le sécher.

2 En suivant les étapes illustrées, dessine une forme de chat sur le rectangle de carton de 10 cm x 15 cm.

3 Découpe la forme de chat et peins-la. Laisse sécher.

4 Peins les bouts de spaghetti. Laisse-les sécher, puis colle-les sur la face du chat en guise de moustaches.

5 Dessine une forme d'oiseau sur chacun des petits morceaux de carton. Découpe-les et peins-les. Laisse sécher.

6 Colle le chat au centre du carton vert. Colle deux épingles à linge de chaque côté du chat tel qu'illustré. Quand les épingles sont sèches, colle un oiseau dans le haut de chacune d'elles.

7 Pour suspendre ta planchette au mur, demande à un adulte d'enfoncer un clou à chacune de ses extrémités à l'aide d'un marteau.

Album photos de minou

Garde les photos de ton chat en les disposant dans cet album en forme de félin. Si tu as beaucoup de photos, ajoute quelques pages.

IL TE FAUT :

- 6 rectangles de carton bristol noir de 14 cm x 20 cm
- 2 rectangles de carton bristol jaune de 18 cm x 22 cm
- 2 bouts de ficelle de 30 cm
- un crayon, des ciseaux, du ruban-cache, une règle, un couteau de table, des marqueurs ou des crayons de cire, un perforateur
- des coins adhésifs pour photos ou du ruban adhésif

1 Place un morceau de carton bristol noir sur un des morceaux jaunes en alignant le bas. Dessine une forme de chat sur le carton jaune tel qu'illustré. Mets le carton noir de côté et découpe le carton jaune le long du tracé.

2 Trace la forme de chat au crayon sur l'autre carton jaune et découpe-la. C'est ce qui servira de couverture.

3 Prends un carton noir et perfore cinq trous régulièrement espacés sur un des côtés courts. En te servant de ce carton comme patron, trace les trous au crayon sur les autres morceaux de carton noir, puis perfore-les. Tu as maintenant six pages.

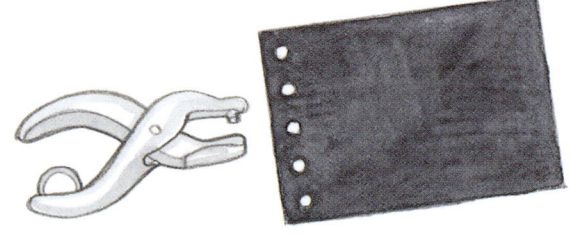

4 Place l'une des pages sur un des cartons jaunes en alignant les trous sur la partie postérieure du chat. Trace les trous et perfore-les. Fais la même chose avec l'autre carton jaune.

6 Place la règle près des trous sur la page couverture et fais glisser le couteau de table le long de la règle en appuyant. Ouvre la page couverture en pliant le long de cette ligne.

5 Entoure une extrémité de chacun des bouts de ficelle avec un petit morceau de ruban adhésif (cela t'aidera à les passer dans les trous). Place les pages entre les couvertures en forme de chat et aligne les trous. Assemble l'album en passant les ficelles dans les trous, tel qu'illustré. Noue les extrémités des ficelles avec un double nœud. Coupe les bouts qui dépassent.

7 Colorie la page couverture et la page arrière pour leur donner l'allure d'un chat.

8 Utilise des coins adhésifs pour photos ou du ruban adhésif pour fixer tes photos aux pages de l'album.

Couvre-plaque d'interrupteur

Voici une façon brillante de donner une allure branchée à un interrupteur!

IL TE FAUT :

- une plaque d'interrupteur avec les vis
- du papier à poncer
- un bout de spaghetti non cuit
- 2 petites perles
- un crayon, de la peinture, des pinceaux, de la colle blanche, du vernis à base d'eau (facultatif)

1 Si tu dois retirer la plaque d'interrupteur du mur, demande à un adulte de t'aider. Ne perds pas les vis!

2 Ponce légèrement la plaque. Ceci permettra à la peinture de mieux adhérer.

3 Dessine un chat, tel qu'illustré.

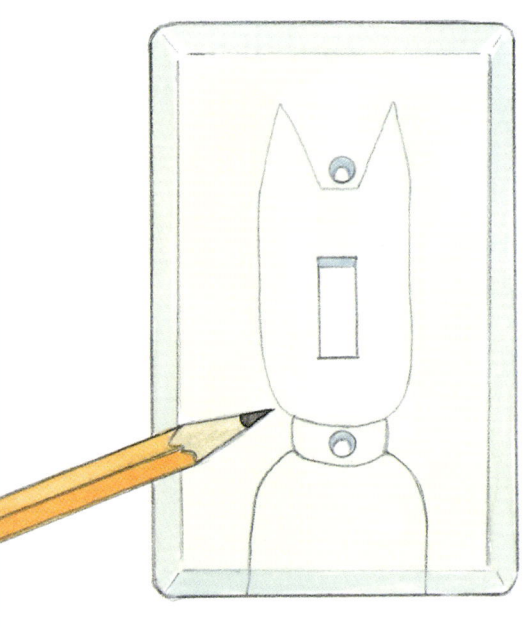

4 Peins le chat et le fond. Peins une des vis de la même couleur que le fond. Laisse sécher. Applique une deuxième couche si nécessaire.

5 Peins le bout de spaghetti en noir et laisse sécher.

6 Brise le bout de spaghetti en six morceaux et colle-les sur la face du chat en guise de moustaches. Colle les perles pour représenter les yeux.

7 Pour faire le nez, demande à un adulte de peindre le bout de l'interrupteur en rose.

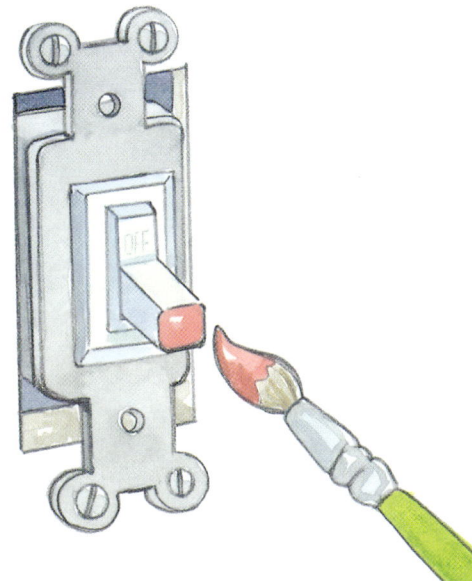

8 Si tu veux, tu peux appliquer une couche de vernis à base d'eau sur la plaque. Une fois le vernis sec, demande à un adulte de visser la plaque au mur.

Matou range-tout

Ce chat très serviable aura toujours tes barrettes et tes pinces à cheveux à portée de la patte!

IL TE FAUT :

- du carton ondulé
  7 languettes de 4 cm x 14 cm
  1 rectangle de 15 cm x 24 cm
  1 rectangle de 10 cm x 13 cm
- 2 petites perles (ou boutons)
- 2 bouts de spaghetti non cuit
- une pelote de ficelle
- de la colle blanche, un crayon, des ciseaux, de la peinture, des pinceaux, un marteau, deux petits clous

1 Colle trois languettes de carton ensemble. Fais la même chose avec trois autres languettes. Laisse-les sécher. Elles serviront de blocs d'espacement.

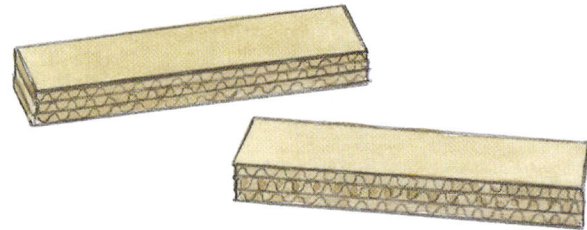

2 Dessine la forme ci-dessous sur le grand rectangle de carton, puis découpe-la. Ce sera le corps du chat.

3 Dessine la tête du chat sur le carton de 10 cm x 13 cm, puis découpe-la.

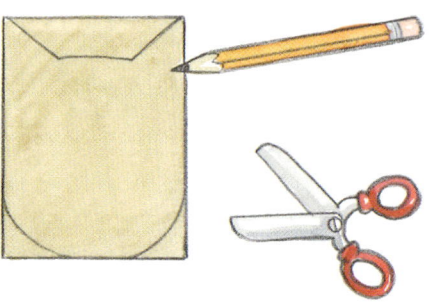

4 Dessine la patte du chat sur la languette restante, puis découpe-la.

5 Colle la tête à l'avant du corps. Laisse sécher. Colle la patte à l'arrière du corps. Laisse sécher.

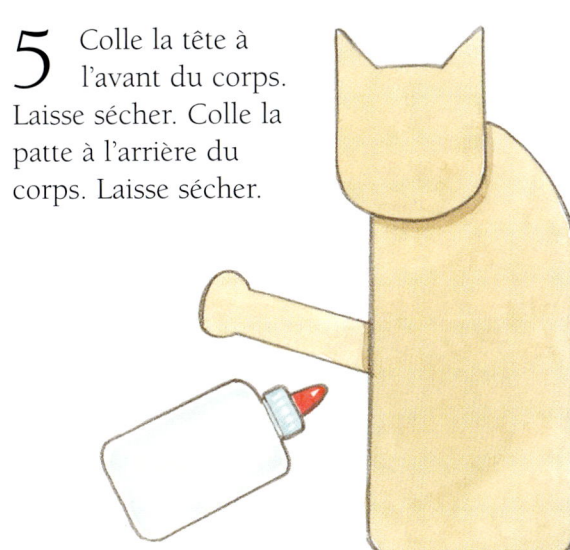

6 Ajoute quelques détails au crayon et peins-les. Colle les perles à l'emplacement des yeux. Brise les bouts de spaghetti pour obtenir six morceaux et colle-les en guise de moustaches.

7 Pour faire la queue, coupe 15 bouts de ficelle de 60 cm. Attache-les à une extrémité avec un petit bout de ficelle. Divise-les en trois mèches et tresse-les. Noue un petit bout de ficelle à l'extrémité de la tresse, puis égalise les bouts qui dépassent. Colle la queue à l'arrière du corps du chat.

8 Colle les blocs d'espacement à l'arrière du chat. Ils serviront à éloigner le chat du mur de façon à ce que tu puisses glisser ou attacher des accessoires à cheveux sur sa patte. Pour fixer ton matou range-tout au mur, demande à un adulte d'enfoncer un clou à chaque extrémité du bloc d'espacement supérieur.

Boucles
d'oreilles félines

Tu peux aussi faire un pendentif assorti en enfilant un chat sur une cordelette. Ou encore, ne mets pas de boucle, et fixe une épingle à fermoir au dos pour faire une broche.

IL TE FAUT :

- de la pâte Fimo ou un autre type de pâte polymère (de couleurs noire, blanche et rose)
- 12 cure-dents en bois
- 4 maillons d'attache de 7 mm
- 2 crochets pour boucles d'oreilles
- un couteau de table, des ciseaux, une plaque à biscuits, du papier d'aluminium, une pince à long bec

1 Avec ton doigt, aplatis deux morceaux de pâte noire de la taille d'une bille pour obtenir des cercles d'environ 2 mm d'épaisseur.

2 Fais une petite incision dans chaque cercle comme ci-dessous, puis écarte la pâte de chaque côté pour former les oreilles.

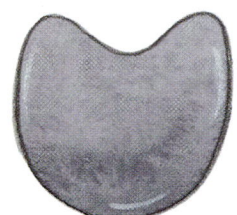

3 Prends un morceau de pâte noire de la taille d'un pois et fais-le rouler entre tes mains pour former un boudin de 8 cm de long. Coupe-le en deux et façonne deux anneaux que tu fixeras à l'arrière de chaque boucle d'oreille.

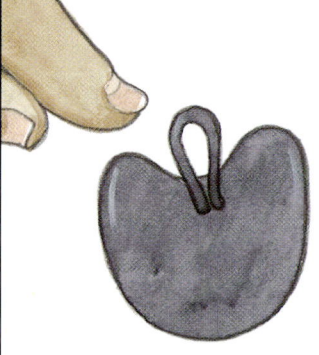

4 Pour représenter la gueule et le nez, écrase deux boules de pâte blanche de la taille d'un pois sur chaque boucle d'oreille. Prends ensuite une boule de pâte rose de la taille d'un pois, coupe-la en deux et façonne chaque moitié pour former un triangle. Place le triangle au-dessus des boules blanches et appuie bien.

5 Prends deux boules de pâte blanche de la taille d'un pois et coupe-les en deux. Fais une boule avec chaque moitié, puis aplatis-les. Place les cercles ainsi obtenus à l'emplacement des yeux. Enfonce un petit rond de pâte noire au centre de chaque œil.

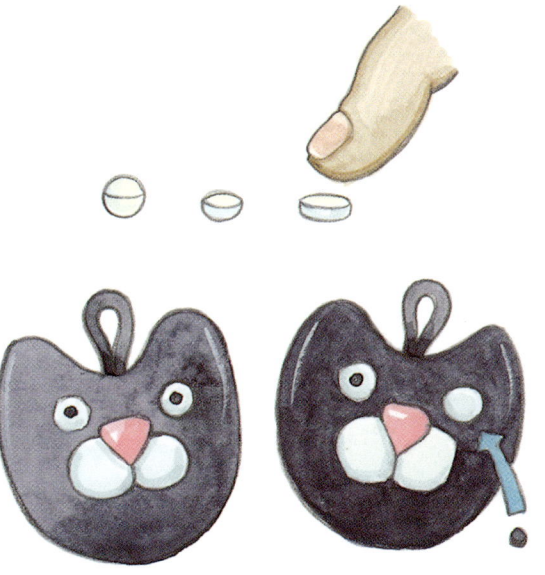

6 Coupe les cure-dents pour obtenir des bouts pointus de 1,5 cm. Pique-les dans les boules blanches en guise de moustaches.

7 Avec l'aide d'un adulte, fais cuire les boucles d'oreilles sur une plaque à biscuits recouverte de papier d'aluminium en suivant les indications du paquet de pâte à modeler.

8 Quand les boucles d'oreilles ont refroidi, sers-toi de la pince pour attacher soigneusement deux maillons d'attache et un crochet à chacune.

Étui à crayons

Ce chat au regard aiguisé veillera jalousement

sur tes crayons et tes gommes à effacer.

IL TE FAUT :

- de la feutrine
  un rectangle de 14 cm x 18 cm
  un rectangle de 23 cm x 30 cm
- du fil à broder de 2 couleurs différentes
  et une aiguille à repriser
- 2 boutons de taille moyenne
- 3 petits pompons (deux de la même
  couleur et un noir ou rose)
- 2 petites perles
- 6 bouts de ficelle noire de 4 cm
- des épingles droites, des ciseaux,
  un stylo, de la colle blanche

1 Prends le petit morceau de feutrine et replie le bas vers le haut sur une hauteur de 7,5 cm. Épingle les côtés.

2 En te servant de l'aiguille à repriser et du fil à broder, couds les côtés au point de feston (voir p. 5) pour créer une pochette. Retire les épingles.

3 Pour faire les oreilles, taille le dessus de la pochette de feutrine, tel qu'illustré.

4 Prends le grand morceau de feutrine et replie le bas vers le haut sur une hauteur de 13 cm, puis retourne-le à l'envers.

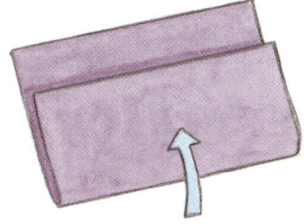

Aligne la pochette au centre, sur le pli du grand morceau de feutrine et épingle-la à une seule épaisseur.

Déplie le grand morceau et couds-y la pochette en faisant plusieurs points à l'intérieur de celle-ci. Retire les épingles.

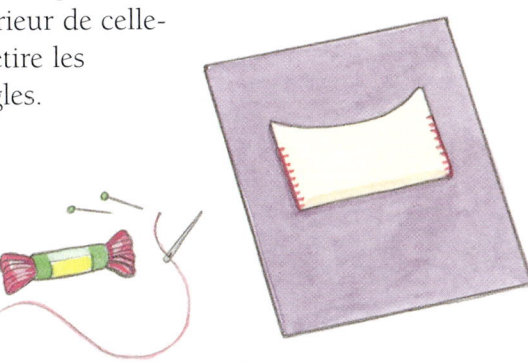

5 Replie le grand morceau de feutrine. Avec l'autre couleur de fil à broder, couds chaque côté au point de feston.

6 Avec les ciseaux, fais deux entailles dans le rabat. Elles doivent être légèrement plus petites que les boutons. Replie le rabat et, à l'aide du stylo, indique la position du centre de chaque boutonnière sur l'étui.

7 Ouvre le rabat et couds un bouton aux endroits indiqués.

8 Colle les pompons sur la pochette pour figurer le nez et la gueule. Colle les perles et les bouts de ficelle à l'emplacement des yeux et des moustaches.

Pot pour herbe à chats

Transforme un pot ordinaire en contenant décoratif où tu mettras de l'herbe à chats ou des friandises pour chats.

IL TE FAUT :

- de la pâte Fimo ou un autre type de pâte polymère (de couleurs noire, blanche, rose, verte et jaune)
- un pot de verre avec un couvercle de métal
- une feuille nervurée (une feuille de rosier, par exemple)
- un couteau de table, une aiguille
- du papier d'aluminium, une plaque à pâtisserie

1 Pour faire la tête du chat, aplatis une boule de pâte noire de la grosseur d'une balle de ping-pong de façon à obtenir un cercle de 2 mm d'épaisseur. Pratique une petite incision en haut du cercle, tel qu'indiqué, puis écarte la pâte pour former les oreilles.

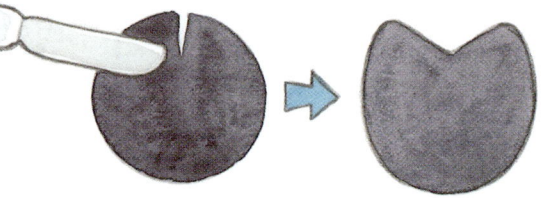

2 Façonne deux boules de pâte blanche de la grosseur d'une bille et aplatis-les sur la face du chat pour figurer la gueule. À l'aide de l'aiguille, perce trois petits trous dans chaque boule. Aplatis un petit morceau de pâte blanche pour former une languette que tu placeras au-dessus de la gueule.

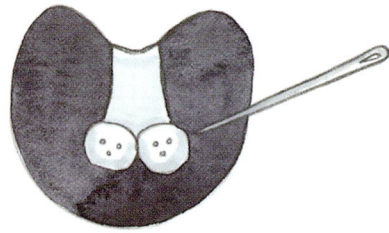

3 Fais un petit triangle de pâte rose et place-le sous les boules blanches pour représenter la langue. Façonne un ovale rose et mets-le au-dessus de la gueule en guise de nez.

4 Aplatis deux petites boules blanches et colle-les à l'emplacement des yeux. Enfonce un petit rond de pâte noire au centre de chaque œil. Des boudins de pâte blanche serviront de moustaches et de menton. Mets la tête de chat en place sur le pot et appuie délicatement pour la faire adhérer.

5 Mélange de petites quantités de pâte jaune et verte que tu rouleras entre tes mains pour former des boules. Aplatis-les jusqu'à ce qu'elles aient environ 2 mm d'épaisseur et donne-leur une forme de feuille. Dépose chaque feuille de pâte sur le côté nervuré de la feuille et appuie bien. Retire la feuille de pâte et colle-la sur le pot de verre. Recouvre la partie inférieure du pot en faisant en sorte que les feuilles se chevauchent.

6 Pour couvrir le couvercle de feuilles, commence par le rebord externe, puis place un autre cercle de feuilles en recouvrant partiellement le premier. Continue ainsi jusqu'au centre.

7 Avec l'aide d'un adulte, fais cuire le couvercle et le pot sur une plaque à pâtisserie recouverte de papier d'aluminium en réglant le four selon les indications du paquet de pâte à modeler. Laisse refroidir complètement. Si une feuille se détache après la cuisson, recolle-la avec de la colle époxy bi-composante ou un adhésif pour plastique.

Cadre en pâte à pain

Avec un peu de farine et de sel, tu peux fabriquer ce charmant cadeau qui ravira les amateurs de chats...

IL TE FAUT :

- 375 ml de farine tout usage
- 175 ml de sel
- 150 ml d'eau tiède
- 10 ml d'huile de cuisson
- 7 cure-dents en bois
- un carré de papier de bricolage de 13 cm x 13 cm
- un bout de ficelle de 15 cm
- un bol à mélanger, une cuillère, de la pellicule plastique, du papier ciré, un rouleau à pâtisserie, une plaque à pâtisserie, un couteau de table, une paille, de la peinture, des pinceaux, du vernis acrylique, de la colle blanche

1 Mélange la farine, le sel, l'eau et l'huile dans le bol avec la cuillère. Pétris la pâte avec tes mains pendant 10 minutes. Recouvre de pellicule plastique et laisse reposer pendant 30 minutes.

2 À l'aide du rouleau à pâtisserie, abaisse environ deux tiers de la pâte sur du papier ciré de façon à obtenir un cercle de 23 cm de diamètre et de 0,5 cm d'épaisseur. Dépose le papier ciré et le cercle de pâte sur la plaque à pâtisserie.

3 Ajoute quelques gouttes d'eau à une petite boule de pâte pour la rendre collante. Découpe un cercle de 9 cm de diamètre au centre du grand cercle. Sers-toi de la pâte collante pour le fixer au cadre comme dans l'illustration.

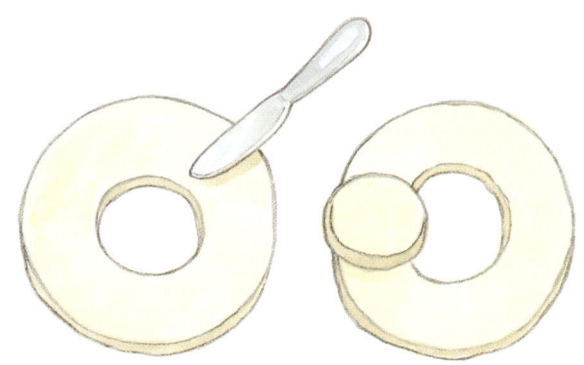

4 Suis les étapes, tel qu'illustré, pour coller chaque morceau de pâte au cadre jusqu'à ce que le chat soit complété. Utilise des cure-dents comme moustaches.

5 Pour faire la souris, façonne la pâte en forme de poire et fixe-la en haut du cadre. Ajoute un serpent pour la queue et deux petites boules aplaties pour les oreilles. Colle des petites boules à l'emplacement des yeux et du nez. Sers-toi des cure-dents restants pour les moustaches.

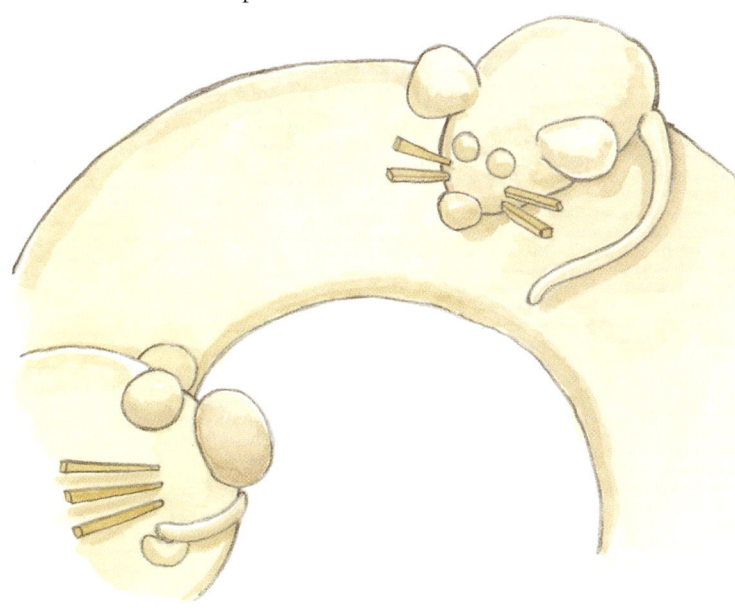

6 Décore le reste du cadre avec des petites boules de pâte.

Suite à la page suivante

7 Perce deux trous dans la partie supérieure du cadre avec la paille.

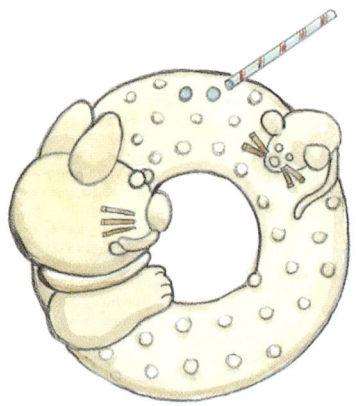

8 Demande à un adulte de placer la plaque à pâtisserie sur la grille du milieu du four et de régler la température à 120 °C. Fais cuire pendant 5 heures. Quand la pâte est ferme et bien dorée, éteins le four et laisse-la refroidir à l'intérieur.

9 Peins le cadre. Après 24 heures, applique une couche de vernis acrylique à l'avant et à l'arrière.

10 Fabrique une pochette à photo en appliquant de la colle sur trois côtés du carré de papier de bricolage et en collant celui-ci à l'arrière du cadre, l'ouverture vers le haut.

11 Passe la ficelle dans les trous du cadre et fais un double nœud pour former un anneau. Suspends le cadre dans un endroit sec, car il pourrait ramollir dans un lieu humide comme le sous-sol ou la salle de bains.

Matou serre-livres

Si tu désires fabriquer deux serre-livres,
tu n'as qu'à doubler la quantité de matériel.

IL TE FAUT :

- du carton ondulé
un rectangle de 15 cm x 25 cm
5 languettes de 2,5 cm x 15 cm
un cercle de la même taille que le fond
de la boîte de conserve
- une boîte de conserve propre
(environ 398 ml)
- 250 ml de sable ou de petits cailloux
- un petit sac de plastique
et un lien torsadé
- 250 ml de pâte à modeler autodurcissante
- plusieurs cure-dents ou petits bouts
de fil de fer
- un crayon, une règle, un couteau
universel ou des ciseaux, de la peinture, des
pinceaux, de la colle blanche, du ruban-
cache, du papier, un couteau de table

1 Place le rectangle de carton horizontalement et fais un point au crayon en haut et en bas pour indiquer le centre. Aligne la règle sur les points et incise légèrement le carton de haut en bas en glissant le couteau universel le long de la règle. Ne coupe pas complètement le carton.

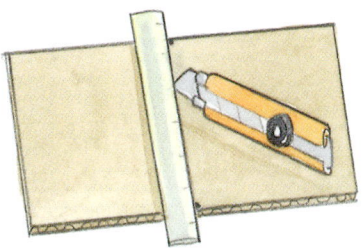

2 Retourne le carton et peins une moitié en vert et l'autre en bleu.

3 Pour la clôture, découpe le bout des languettes pour les rendre pointues, tel qu'illustré. Peins-les, puis colle-les à la partie bleue du carton.

Suite à la page suivante

4 Applique une ligne de colle autour du fond de la boîte de conserve et le long de la soudure latérale. Centre la boîte de conserve sur la moitié verte du carton. Replie la clôture contre la partie encollée de la boîte de conserve et maintiens le tout en place avec un morceau de ruban-cache.

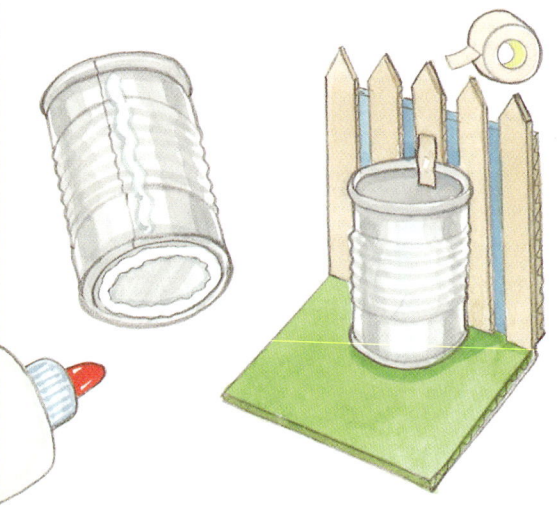

5 Colle un peu de sable autour de la poubelle, puis verse le reste dans le sac de plastique que tu fermeras avec le lien torsadé. Coupe le haut du sac si nécessaire, puis dépose le sac dans la poubelle.

6 Pour fabriquer le couvercle, peins le cercle de carton en gris. Plie une petite languette de papier pour en faire une poignée et colle-la au cercle. Remplis la poubelle de morceaux de papier froissé en guise d'ordures.

7 Pour faire le corps du chat, prends un peu de pâte à modeler et fais-la rouler entre tes mains pour former un cylindre de la grosseur d'une petite saucisse. Façonne quatre cylindres de la taille de ton petit doigt pour les pattes, et un petit cylindre pour la queue. Colle-les au corps en appuyant bien. Mouille ton doigt et lisse-les bien à l'endroit où elles se joignent au corps.

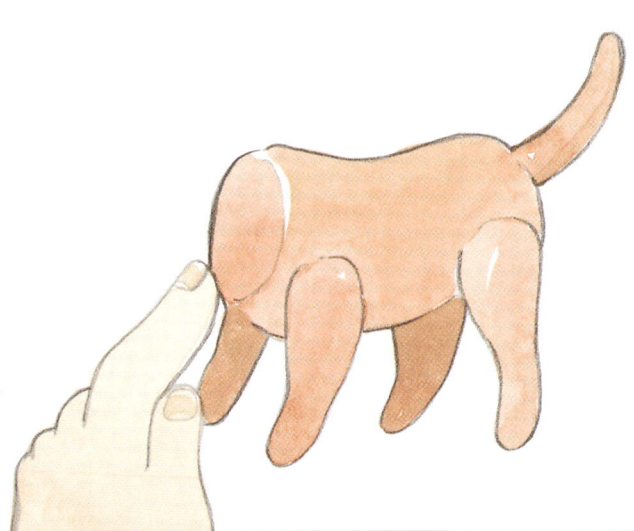

Suite à la page suivante

8 Façonne une boule de pâte à modeler pour la tête. Pince le haut de la boule pour obtenir deux oreilles triangulaires. Forme une boule de pâte à modeler de la taille d'une bille, puis écrase-la sur la face du chat. À l'aide d'un couteau, trace l'ouverture de la gueule. Ajoute deux petites boules et un triangle de pâte à modeler pour les yeux et le nez.

 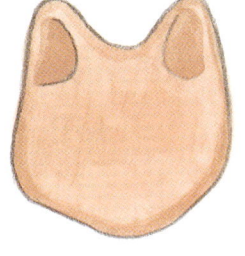

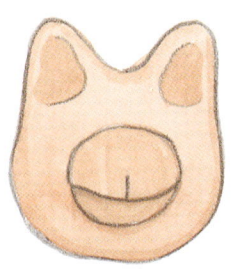 

9 Colle la tête en place en lissant avec ton doigt mouillé à l'endroit où elle s'attache au corps.

10 Fais de petites entailles sur les pattes pour représenter les griffes. Sers-toi de fils de fer ou de cure-dents pour les moustaches.

11 Replie les pattes avant et suspends le chat au bord de la poubelle. Dispose ses pattes arrière pour lui donner une position qui te plaît, puis mets-le de côté pour le laisser sécher complètement (cela peut prendre plusieurs jours). Une fois le chat sec, peins-le, puis accroche-le à la poubelle.

Abat-jour chatoyant

*Si ton abat-jour est plus petit ou plus grand,
ajuste le nombre de chats et leur position
en fonction de l'espace dont tu disposes.
Ou invente tes propres motifs!*

IL TE FAUT :

- un abat-jour à revêtement rigide recouvert de toile blanche, mesurant 20 cm de haut et 30 cm de diamètre dans le bas
- de la peinture à tissu noire
- un marqueur noir et du papier calque, des ciseaux, du ruban-cache, un crayon, de la peinture, des pinceaux

1 Fais trois photocopies de chaque patron de la page 40 (ou sers-toi du marqueur et du papier calque pour les reproduire). Découpe les patrons.

2 À l'aide du ruban-cache, colle un patron, le côté dessiné vers l'extérieur, à l'intérieur de l'abat-jour, en l'alignant sur le joint latéral et sur le bord inférieur.

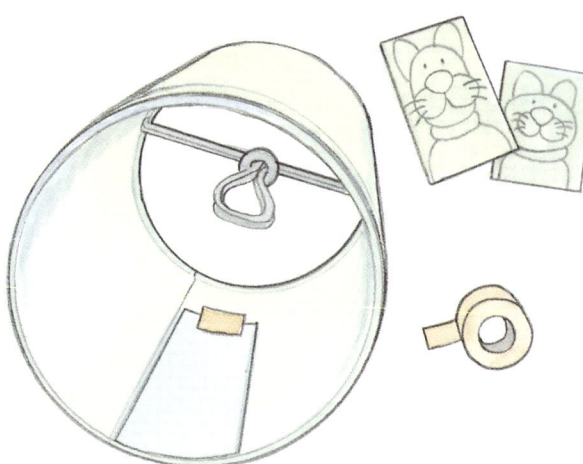

3 Colle le deuxième patron à environ 8 cm du premier. Continue à coller les patrons à l'intérieur de l'abat-jour en alternant les motifs et en les espaçant de façon régulière.

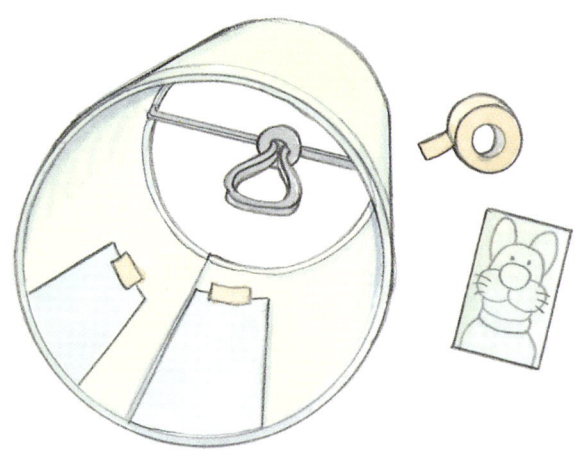

4 Examine le résultat. Si tu ne peux pas bien distinguer les patrons, place l'abat-jour devant une lampe. Quand la disposition te satisfait, trace les patrons au crayon sur l'abat-jour. Retire les patrons.

7 Trace soigneusement une ligne de peinture à tissu le long du bord inférieur et du bord supérieur de l'abat-jour. Laisse sécher.

5 Peins soigneusement les chats. Laisse sécher.

6 Trace le contour des chats avec la peinture à tissu. (Pour éviter les éclaboussures, tapote de temps en temps l'embouchure du tube afin d'éliminer les bulles d'air.) Ne peins qu'un chat ou deux à la fois et laisse-les sécher afin de ne pas barbouiller les lignes déjà tracées.

AUTRES SUGGESTIONS

Utilise un perforateur pour percer des trous le long du bord inférieur de l'abat-jour. Attaches-y des perles ou des pompons enfilés sur une cordelette.

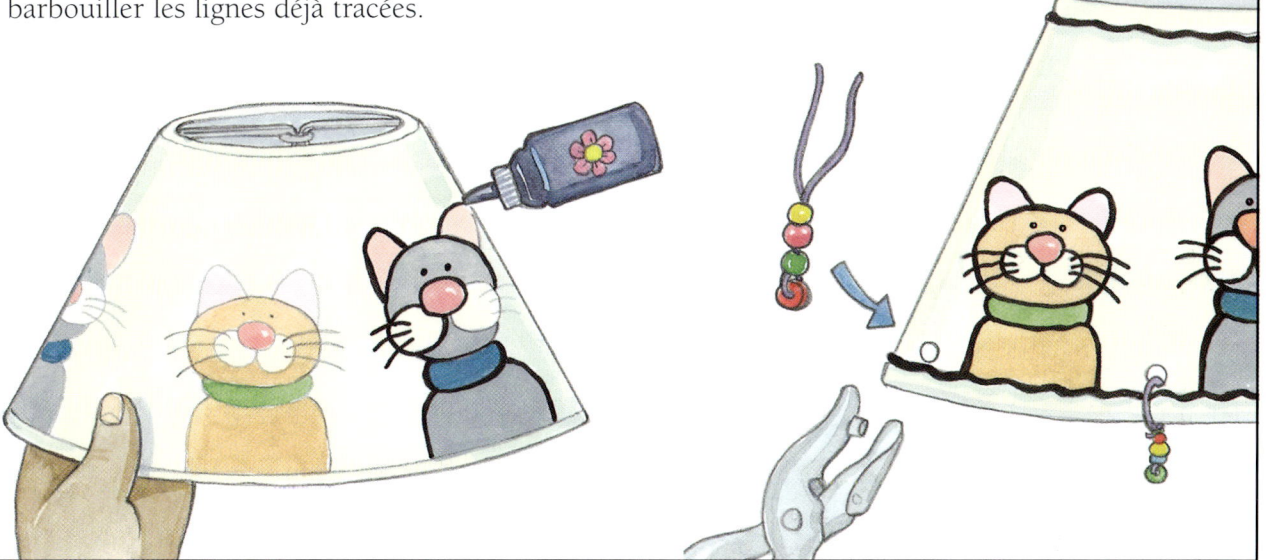

Patrons d'abat-jour (pour la page 38)

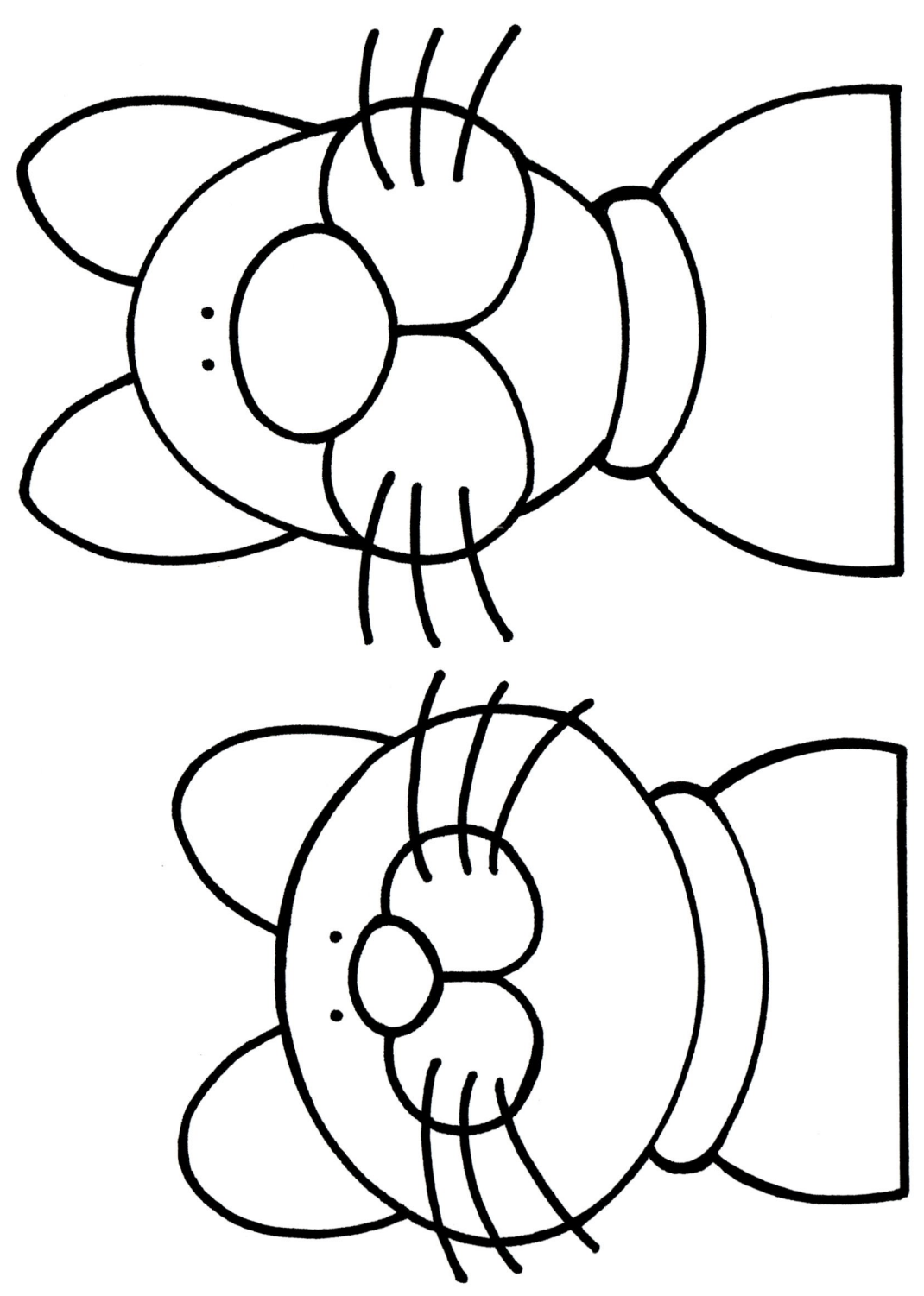